JN439719

간절함은 늙지 않는다

박지영 시집

시인동네 시인선 175

박지영 시집

간절함은 늙지 않는다

시인동네

시인의 말

일평생 나는
내 손님일 뿐이었다.

손님의 말을 받아 적은 기록을
여기에 남긴다.

2022년 5월
박지영

차례

제2부

제3부

제4부

제1부

부사

사방 꽉 막힌 상자에
부사가 갇혀 있다

구를 수도 돌아누울 수도 없어
가만히 꼼짝 않고 있는 부사

조금씩 물기가 빠져나가는 부사
점점 미라가 되어가는 부사

사과이기를 거부하는 부사
너무 생각이 많은 부사

형용사는 버리고
동사로 누워 있는 부사

밤 까먹는 밤

사위가 어두워 깜깜한데
내가 아는 밤이 아니었다

밤은 도시의 열기마저 식혀
싸늘한 냉기만이 감돌았다

세상에 이런 밤도 있다니

너를 부를 수도
너에게 갈 수도
발 동동거리며
미래에 올 너를 기다리다

그 밤을 어떻게 건너왔는지
거기에 왜 갔었는지

왜 자꾸 밤마다 그 먼 곳에 가서
밤을 까먹고 있는지

생각하고

생각하는 밤

속수무책

이런 세상이 올 줄 몰랐다
보이는 것이 아니라
보이지 않는 것이
소리 소문 없이 다가와 세상을 지배했다
가만있다가 당해버렸다

어디로도 갈 수 없는 나날이 현실이 되다니
세상이 나를 가두어
오도 가도 못하다니

너를 믿을 수 없고
나도 믿을 수 없어
우리는 마스크를 쓰고
앞만 보고 그냥 스쳐 지나간다

세상의 마지막이 어떻게 올까 싶었는데
이렇게 올지도 모르겠다
둔탁한 망치 소리, 피아노 건반 두드리는 소리,

슬리퍼 끄는 소리, 청소기 우는 소리 사이로
파전 냄새를 따라가며
축 처져 있는 슬픔의 무게를 가늠해 볼 때

마당 구석 석류나무는 더 붉은 꽃을 피워
어두운 내 영혼을 쓰다듬고 있다

고요를 품어주는 말

기도라는 말

동트는 새벽
은은하게 눈뜨는 말

잠자리 들기 전
무릎 꿇게 하는 말

나방의 문

퍼덕이다 지친 나방은
전등갓에 붙어 꼼짝 않는다

여행지 어느 성에서였던가
잠시 한눈팔다 그만 일행을 놓치고
길 잃은 적 있다
그때 머릿속이 하얬다

저 나방도 잠시 딴짓하다
길을 잊었나
나처럼 머릿속이 하얄까

문은 도처에 있고
지금 자리가 나가는 문이라는데

나방의 문은
나방의 머릿속에 있다

봉쇄

내가 쓴 글들이 나를 빤히 올려다보며
어디를 가나 개미떼처럼 줄곧 따라다닌다

친구 만나 웃고 떠드는 자리에서도
슬픈 영화 보고 눈물 찔끔 흘릴 때도
돌아보면 옆에 서 있다

집으로 오는 길에도 내 옆을 떠나지 않고
잠을 청할 때도
말간 얼굴로 나를 보고 있다

내 앞에서 꼭꼭 숨어 있더니만
언제부턴가 당당해졌다

이건 벌이다
아니 고문이다

내가 쓴 글들이

한순간 반란을 일으키며 대들 기세다
이러다 항의서가 날아오겠다

어서어서 이 떼서리
유리병에 뚜껑 닫아 봉해야겠다

내가 쓴 글들이 모여 깔깔거리며 웃었다

그냥 온 것이 아니다

벚꽃이 그냥 피는 것 같아도
다 순서가 있다지요

풀들이 어느 방향으로 흔들리는지
나뭇가지 그림자는 어디로 향하는지
파도가 밀려와 어떻게 흩어지는지
그냥 스쳐가는 일이 아니라지요

문득 올려다본 구름의 형상이나
손등에 떨어지는 빗방울도
번개가 번쩍이는 것도
우연한 일이 아니라지요

벌레 한 마리도 무심히
내 앞에 나타난 게 아니라는데
어쩌다 펼쳐 든 책 속의 한 구절이
맞닥트린 운명 같은데

코로나 바이러스
지금 이 순간에 온 이유가 있겠지요

너의 울음을 날려 보냈다

비둘기 울음소리 요란해
밖을 내다보니 없다
힘없는 소리 계속 들려왔다
어제도 그제도 저 소리 들었는데
창 열고 울음 따라가니
에어컨 실외기 밑에 비둘기 두 마리 있다
어쩌다 이곳에 숨어들었는지
붉은 눈으로
서로의 두려움을 쪼아대고 있다
한 마리씩
손바닥으로 업어
공중에 날려 보냈다

너의 울음을 날려 보냈다

말할 수 없네

깊은 밤 꿈에 그대 만나면
잠은 멀리 달아나
퍼 담아도 채워지지 않는
물항아리가 되네
달이 느리게 느리게
가시나무 울타리 밟고 가
가시에 찔려 이지러진
노란 달
아스라이 새벽하늘에 떠 있네
가지도 못하고 떠 있네
나도 가지 못하고
마음만 온종일 하늘에 떠 있네

눈 감아도 너무 멀다

—동휘에게

너는 다섯 번의 겨울을 보았고
나는 예순 번의 겨울을 지나왔다

나의 겨울과 너의 겨울을 생각한다
댈러스의 겨울과 대구의 겨울,
지나온 수많은 겨울을 떠올린다
눈 덮인 알프스와 캐나다의 빙하를
극지에서 극지로
쇄빙선으로 얼음을 깨고 가는 겨울을

이 겨울은 내가 알던 겨울도 네가 알던 겨울도 아니다
아직 겪어 보지 못한 새로운 겨울이다

내가 안타까워하는 것은
눈이 네 키만큼 쌓여서도 아니며
살을 파고드는 한기 때문도 아니다

세계가 가까워졌다지만 얘야

내가 아는 겨울과 네가 아는 겨울이 너무 멀다
이 겨울은 내가 잃어버린 겨울이 아니다

세상이 변했다

칠흑같이 어두운 밤이면
시냇물과 물풀들이 물 위로 기어올라 왔다
밤으로 들어가는 사람은 누구나
허리 굽히고 고개 숙여 조심조심 살펴야 했다

한 발 두 발 떼면 여기저기
벌떼 같은 밤의 눈들이 달라붙어
겁 많은 소의 눈처럼 떨고 있었다

어둠이 관통하고
어둠이 지배하는 세상에서는
보아도 보는 게 아니었다
어둠은 참으로 진한 슬픔 같았다

어디로 가느냐고
어둠이 물었다

툭툭 털어내고 세상과 소통하고 싶지만

어둠은 다른 방식으로
바라보는 것을 용납하지 않았다
똑같이 생각하고 똑같이 말하기를 바랐다

내 눈에 덮여 있던 어둠의 비늘이 벗겨지고
세상 너머 안 보이던 세상이
나에게 말 걸기 시작했다

그런데 그동안
세상이 많이 변해 있었다

날씨의 맛

요 며칠 콧노래가 절로 나왔어요 즐거웠어요 뭔 좋은 일이 있었던 건 아니에요 붕붕 떠올라 가을 하늘로 둥둥 떠다니는 듯했어요

이내 사나흘 지나자 비 오고 바람 부니 마음이 바닥으로 곤두박질치는 거예요 아! 이렇게 살아도 되는 건가 싶게 날씨를 타지 뭐에요

하루 하루 날씨는 타고난 긍지를 가지고 있었어요 자만심도 대단하거든요 날씨에 가시가 있고 날 선 칼도 지니고 있더라구요 날씨에 마음 베일 줄 몰랐어요

저 꽃 어쩌나

봄 기미에
뒤쳐질세라 문 열고 우르르 튀어나온 꽃들
바람은 기다렸다는 듯 귀때기를 후려쳐
찔끔 눈물인가 했더니
하늘에서 뽑아낸 흰 눈

꽃들 벌겋게 볼이 얼어
얼굴 감쌀 손도 없고
눈길 걸어갈 발도 없다

뭔가 지나간 자리는 다 상처라서
저녁이면 꽃들이
미열에 몸져누웠다

나와 닮은 그녀에게

언젠가 신문에서
웃고 있는 여자를 보았다
나는 그녀의 옆모습을
보고 또 보았다

나와 너무 닮아서
얼굴에 심장을 올려놓은 듯 달아올랐다
순간 별별 생각이 다 들었다

도플갱어를 떠올리다가

슬픈 것도 아니고
내가 어떻게 할 수 없는 것이어서
창틀에 매달려 있는 물방울같이
뭔가 야릇한 감정이 뭉글뭉글 솟아났다

그녀는 어디서 와서 어디로 가는지
그녀의 별에도 꽃은 피는지

나와 닮은

지구별 78억 사람 중에

어딘가에서

나와 다른 삶을 살고 있을 그녀

구월의 책

구월의 저녁
펜의 주인들이 여기 모였다
이곳은 고유한 세계
무한해 그 끝을 알 수 없는 세계
이 세계는 지상의 것들이 통용되지 않는 세계
지상에서와 다르게 숨 쉬고
다르게 말하고 다르게 산다
그렇다고 이 세계가 안전한 것은 아니다

이곳에서는 펜을 믿는다
어두운 세상을 찬란하고 반짝이게 할 수는 없지만
새날이 오리라 믿으며
때로는 부드럽게
때로는 강하게
때로는 불의와 싸우며
이 시대를 밝히는 등불이라 믿는다

구월의 공기가

가슴에 스며드는 저녁
말로는 다 할 수 없어
우리는 펜을 잡았다
꿈과 미래를 여는 시간
단어에 숨을 불어넣는 시간
꽤 근사한 구월의 저녁이다

단단한 벽

살면서 수많은 문을 드나들었지
그 많은 문과 문 사이를 드나들면서 몰랐다
문이 문이 아니라는 것을

문은 네 집인 걸 증명해 보란다
식탁 위에 먹다 남은 빵이 있고
화장대 위엔 올이 풀려 벗어던진 스타킹이 있고
읽다가 엎어놓은 시집이 있다 해도
암호를 기억해내란다
주문을 말하란다

급한 마음에 동동거리며 허둥거리다
연달아 잘못 눌러
도어록은 경고음을 울리더니
작동이 중지되었다

저 높고 단단한 벽

제2부

정신분석 세미나

정신분석 세미나에 갔어요 우리는 재미나실이라 불러요 모두들 아픈데 어디가 아픈지 모르고 모두 안 아픈 척 근엄해서 고개 숙이고 손으로 입을 가리고 쿡쿡 웃어요 언제부턴가 그들은 부끄러워하거나 입 가리고 웃지 않아요 아프다고 서로 말하려고 해요 저요 저요 하며 자신의 구멍을 보여주려 해요 언제가 나도 가슴의 구멍을 보여주었어요 숨기면 숨길수록 더 커졌거든요 구멍의 깊이는 측성할 수 없이 깊었어요 그때 마음이 빈 벌판에 서 있는 나무 같았어요 나만 그런 게 아니었어요 그들도 가슴에 구멍 몇 개씩 가지고 꼼지락거리며 구멍을 다독거리고 있었어요 정신과 의사 선생도 재미나실에 오는데요 자기의 텅 빈 구멍 내보이며 처연하게 웃으며 좀 보라 하네요 우리는 킥킥 웃기도 하고 같이 아프기도 해요 그렇게 다들 무언가 말하고 싶어 재미나실에 오는데요 그 증상이 어쩜 모두 내 증상 같은지 모르겠어요

테이블

놈이 어둠 속에 웅크리고 있다
스위치를 켜면 그제야 관절을 펴고 구부린 등을 펴 품을 열어준다
놈이 그녀에게 길들여졌는지
그녀가 놈에게 의지하는지

늘 그래 왔던 것처럼 아주 익숙하게
의자에 엉덩이를 깊숙이 밀어 넣고 팔을 놈의 등에 밀착해서 하나가 된다

때때로 서로 겉돌기도 하지만
그녀는 그놈 앞에서만 한 줄 한 줄 벽을 쌓을 수 있다
위에서 아래로 벽을 쌓아간다

벽은 두꺼워야 했고
벽은 높아야 했다
벽은 어두워진 창밖의 별빛을 끌어 오고
창을 두들기는 빗소리도 불러오곤 했다

그녀가 벽을 포개놓고 나서 휴우 한숨을 내쉬면
그놈도 덩달아 사지의 근육을 풀었다
그녀에게 그놈은 유일한 위안이며
벽은 그녀가 숨기에 가장 안전한 곳이다

저 너머에서 빛이

아파트 옆 통로에서 하얀 시트에 싸여
누가 응급차에 실려 간다

내 방문을 여는데
책상 위에 꾸덕꾸덕 말라가는
미라가 길게 누워 있다

다가가 보니 나였다
놀랍지도 않았다
내가 죽었구나
왜 죽었는지 어떻게 죽었는지 그런 것보다
내 주검으로 인해
나를 잘 볼 수 있었다

스투키 밑둥치가 물컹했다
손으로 잡으니 힘없이 뽑혔다
물 없이도 잘 자라는 것을
염려가 죽이고 말았다

이 세계와 저 세계 사이
투명한 막 너머에서 환한 빛이
사정없이 쏟아져 들어왔다

구르는 풀

입도 눈도 코도 다 말라붙어
돌돌 굴러다니는 가시풀뭉치*

누가 가르쳐준 것도 아닌데
비 오면 그 자리에 털썩 주저앉아
재바르게 꽃 피워 한 생 살고는
아무 일 없다는 듯
툭툭 털고 보따리 싸
바람 따라 나서다
또 어디서 몸 풀고 꽃 피울지

길이 집인 걸
걱정도 안 한다

사랑이 다할 땐 눈물도 마르니까

---

*Tumbleweed라고 하며, Wind witch라고도 불리는 사막식물.

흔적

자고 일어나 보니 내 손에 피가 묻었다
거울을 보니 얼굴에도 피가 튀었다
간밤에 무슨 일이 있었나?

아침 뉴스 속의 저 여자
머플러로 얼굴을 가린 저 여자

간밤에 누가 칼을 들고 나를 쫓아왔고
나는 뒤돌아보다가 넘어졌고
넘어진 나를 대신해 길 가던 사내가
칼을 맞았고 나는 울면서
사내의 등에서 흐르는 피를 닦아주었는데

아니 저기 저기
내가 왜 저기 있지

케 세라 세라

나 어릴 때
시절이 불안을 키워 앞이 깜깜했어
커서 무얼 할까, 어떻게 살까 걱정하며
당시 유행하던 도리스데이의 〈Que sera sera〉를
자포자기 상태로 될 대로 되라며 흥얼거렸지

지금도 암담한 시절이긴 해
비바람이 몰아쳐 창문이 덜컹거리고
죽음의 강물이 발목을 찰랑이니
사는 것이 참으로 기막혀

가만 돌아보니 그 긴 세월 난
Que sera sera라는 말에 기대 살았나 봐

삶은 직선으로 쏜살같이 가는 줄 알았는데
굵고 짧게, 가늘고 길게 가고 있었어
어떤 때는 빵처럼 부풀어 오르고
어떤 때는 주르르 미끄러지기도 하면서

삼나무처럼 뻗어나가는 줄 알았는데
대나무 마디처럼 매듭지어지기도 했으니까
등나무처럼 둥글게 구불구불 휘감기기도 하고
미련하게도 온 길 되돌아갈 때도 있었어

삶은 그런 거라며
Que sera sera
나를 위로하네

과거의 나와 지금의 나 사이에 주문처럼 걸려 있는
Que sera sera

눈에 어른거리는 거기

말발굽 소리에 놀라
눈을 떠보니
아, 여기가 어딘가
모든 게 낯설어
덜컥 겁이 났다

다른 세상에 와 있는 줄 알았다

벤자민 고무나무 열매가 마룻바닥에 떨어져
저 혼자 말 타고
독일의 어느 작은 성으로 달려가고 있었다
제복 입은 사람들이 말 타고 나를 쫓아와
얼마나 두근거리던지
잠 깨고도 어리둥절했다

송나라 사람 누구는 말이 콩 씹는 소리에
우당탕탕 한바탕 소나기 꿈을 꾸었다는데

말발굽 소리 뒤에 두고 온 곳이
자꾸 눈에 어른거렸다

그게 다 나였던가

수많은 꿈에서 참 많이도 살았다
그 많던 내가 다 나였던가
난 얼마나 많은 생을 살았던가

그런 생각하면
잠 속으로 무언가 따라 들어와
쉬 잠들지 못한다
시계 소리마저 뾰족하게 날을 세우고
심장을 콕콕 쪼아댄다

크나큰 한 고통이 지나간 줄 알았더니
아니다

소리들이 귀에 모여들어
냉장고 모터가 돌아가고 매미가 울고
별들이 웅성거리고
귓속에 소리의 탑을 세우고 있다

운명은 벼락처럼

운명은 번개가 번득이듯 온다고 믿었다
그렇다고 문 두드리고 정중하게
들어가도 될까요, 묻지 않았다
운명은 벼락처럼
소매 끝을 스쳐 지나가 버렸지만
그게 운명이란 걸 뒤늦게 알았다

바람 딸

영등할매가 심술부렸는지
삼신할매가 한숨을 내쉬었는지
내가 태어나던 날 바람 엄청 불어
잠자는 혼을 흔들어 깨우듯
은사시나무를 울리고 말았대

나는 돌 지나서야 겨우 이름을 받아
일 년을 덤으로 살았던 거지
그 후 여태껏 그 할매들 기세에
어깨 움츠리고 기도 못 폈지
이 세상에 잘못 왔나 했어

입술이 타들어가고
혓바늘 돋는 날들이 많았어

어쩐 일인지 요사이 바람이 잔잔해졌어
기센 할매들 기력이 쇠했는지
아니면 내가 바람을 다스릴 때가 되어

그런지도 몰라
난 이월 바람 달에 태어난 바람 딸이니까

바람이 세상길을 알려주었거든

정로환(征露丸)

아 냄새
쿰쿰하고 씁쓰레한

어머니에겐 만병통치약이어서
속 더부룩할 때
한 줌 집어 털어 넣던 노리끼리한
그 약
집 안 곳곳 찐득찐득 배어
이불, 옷장, 소반에서 나던 냄새

삭아 들어가는 어머니 몸에도 머물던
오래된 이 냄새

대동아전쟁 때 만주 벌판을 휘돌아
독버섯처럼 무성생식하며 포자를 퍼트려
아시아를 정벌하려던 냄새

집을 에워싼

침략의 근성이 배어 있는
백년을 흘러온 냄새

저물어가는 저녁, 이 냄새

---

*정로환(正露丸)이라 하지만, 러일전쟁 당시 일본 군사들이 배탈이 나서 일본에서 만들어 군사들에게 복용하게 해 러시아를 정벌했다는 의미에서 정로환(征露丸)이라고도 했다.

더 슬픈 것

팔조령 옛 고갯길 적요하다

새 길이 뚫리고
옛길은 산간 마을 빈집처럼
지루하게 낡아가고 있다

사람의 손때가 묻어야
집이 오래 보존되듯
길도 사람이 다녀야
다져지고 윤이 나는가 보다

늙은 것보다 더 슬픈 건
세상에 미련이 남아
밟으면 우는 소리를 내는 것이다

달콤한 감기

언제였더라 목례를 하고 돌아서려는데

그가 가만있으라 했던가

내 목덜미에서 긴 머리카락을 떼어 주었던가

등줄기가 따뜻해지고

빠르게 빛이 온몸으로 퍼져나가

아주 짧은 순간

발바닥까지 환하게 불이 들어왔던

한쪽 발끝이 살짝 들려졌던

그런 때가 있었던가

사막 일기

1

바람이 부는 대로
모래가 흐른다

저건 모래 둔덕이 아니라
머리카락이고
젖가슴이고
여인의 둔부다

바람은 끝없이 불어
쇄쇄 소리만 귀를 열어놓고
밤새도록 지치지도 않고
여인의 옷깃을 연신 잡아당기다
새벽이슬에 젖어 떨고 있다

2

기묘한 일이다
해를 가리는 이 짐승의 정체가 무엇인가

숨을 쉴 수가 없다
뿌연 먼지 속에서
온몸에 달라붙어 떨어지지 않는다

진지한 얼굴도 보여주지 않고
절망의 빛도 내비치지 않고
모든 것이 흐릿하다
여기선 희망도 길을 잃어
걸으면 바스락바스락 소리를 낸다

그래도 꽃은 핀다

주름의 힘

광주리에 담긴 사과 새들새들 곯았다
더 작아져 쪼글쪼글해진 사과는
굳은살처럼 각질이 두터워
칼이 잘 들어가지 않는다

쪼글쪼글해진다는 것은
팽팽히 잡고 있던 끈 놓치지 않고 더 깊어져
제 속으로 들어가
밑바닥에 닿아 보겠다는 것 아닌가

사람도 오래되면 내장에 구김이 지고
눈동자에도 주름이 잡힌다지
그 주름의 힘으로
비록 말라비틀어져도
더 깊이 생의 바닥에 닿을 수 있다지
새금새금 단내를 짙게 풍긴다지

제3부

튤립나무라 불러도 튤립이 되는 건 아니야

페르난두 페소아*는
이름에서 이름으로 순간을 살다 갔지만
그를 증명할 이름이 없어
어디까지가 그인지 모르겠어

백합나무를 노랑 포플러나 튤립나무라고도 부른다는데
그렇다고 포플러가 되거나 튤립이 되는 건 아니야
하지만 포플러나 튤립을 기웃거리게 되거든

어쩌면 페르난두 페소아를 호명하는 이름들이
백합나무 이름들과 별반 다를 게 없어
사실 이름은 이름일 뿐인데
달라지는 건 없는데

그는 너무나 많은 영혼을 가지고 있어
이 이름과 저 이름으로 서로 대화하며
외로운 영혼을 달래주었나 봐

---

*페르난두 페소아: 포르투갈의 시인이자 작가, 문학평론가, 번역가, 철학가. 그는 이름이 수없이 많았다고 한다.

미끼

종이 위에 강이라고 쓰자
물고기 한 마리가 힘차게 물살을 가르고
갑자기 물 위로 솟구쳐 오른다
고맙다는 듯 꼬리를 까닥이더니
다시 물속으로 들어가 버린다

다시 수면은 조용해지고
종이 위에서 숨죽이고 있던 글자들이
순서를 기다리다가
답답한지 고개를 들어 올리다
낚시꾼에게 걸려든다

종이 위에서도 생사가 갈린다
'아'라고 써야 할 것을 '어'라고 쓰는 바람에
다른 생각이 올라와 잡은 고기 놓아줄 때도 있다
종이 위에 강은 여전히 소리 없이 흐른다

앗! 물고기가 찌를 물었다

손맛이 짜릿하다

이 맛을 알아야 진짜 인생을 아는 거다

쓴맛의 정체

능선 따라 걷다가 도토리 두 알 주웠다
껍질 벗기다 손톱 꺼멓게 물들었다
깨물어 보니 풋감만큼이나 떫었다
이 떫고 쓴맛
도토리가 아니라
내게서 나온 맛이었다

무언가 놓쳤다

접시 위의 참돔은
저민 제 살을 이불처럼 덮고
숨쉬기도 버거워 아가미를 달삭거린다

사람들이 술잔에 한눈팔고 있을 때
깔딱거리던 떨림이 멎었다
퀭한 눈도 옆으로 누웠다

참돔의 숨결을 입으로 밀어 넣느라
모두들 분주하다

누구는 오줌 누고 오느라
어머님 임종을 놓쳤다는데
젓가락 들었다 놓는 그 순간에
나는 무엇을 놓쳤을까

정작 중요한 일은 슬그머니 왔다 간다

실종 사건

분명 여기, 조금 전에도 있었는데
소설 속의 주인공이 사라졌다

어디로 갔지?
조용히 컴퓨터 게임을 하던 주인공이
갑자기 발작하듯 소리를 지르더니 없다
어디 숨었겠지 싶어
달콤한 카프치노로 달래도 보고
햄버거로 얼러 보아도 나타나지 않는다

갑자기 주인공이 반란을 일으켰나
배역이 맘에 들지 않아서인가
너무나 큰 배역에 겁을 먹었나

간혹 이런 일이 없는 건 아니다
여행을 가거나 잠시 자리를 비운 적은 있지만
자취를 감춰버리는 일은 좀체 없었다
게임하다 사라졌으니 이걸 어쩌나

주인공들은 좀 변덕스럽고 제멋대로다
이건 대역을 쓸 수 있는 것도 아니다

늘 작가 맘대로 할 수 있는 건 아니라고
소설이 주머니에 손을 찌른 채
회심의 미소를 지으며 보고 있다
주인공이 사라졌다

이제부터가 이 소설의 시작이다

노래가 목걸이라면

한 노래가 있어 그 노래를 들으면 오래된 영혼도 젊어지네. 노래를 따라 낯선 회랑을 돌아가면 한 시절이 또렷해지네. 비를 맞고 더 선명해지듯 그 노래는 당신을 가장 빨리 떠올리게 하네. 당신에게 가장 가까이 다가가는 노래가 내 영혼을 기다리듯 천천히 흘러나오네. 외롭고 슬픈 노래에 기대 한 계절을 건너가네.

기억이라는 학교에선 노래 한 소절이 마음을 여는 열쇠가 되네. 입보다 먼저 몸이 끄덕끄덕 따라 부르네. 노래는 저절로 홍이 차올라 넘쳐흐르네. 표정 없던 얼굴이 환해지네. 노래 따라 기억 속으로 들어가네. 노래가 목걸이라면 당신 목에 매달아 주고 싶네.

나는 딸의 형상을 한 아들이었을까요

뭘 할까 고민하다 무국을 끓였어요 무채를 썰어 소금을 살짝 뿌려 숨죽인 다음 들기름에 볶다가 물을 부어요 멸치 다시물을 넣으면 더 좋아요 끓으면 마늘을 다져 넣고 소금으로 알맞게 간을 해요 밍밍하다 싶으면 후추를 조금 넣어요 마지막에 파를 숭숭 썰어 넣고 한소끔 끓여요 겨울 무는 매운맛이 없고 단맛이 우러나 달고 시원해요 어깨를 으쓱하면서 혼잣말로 중얼거렸어요 "난 요리를 잘해, 난 아버지의 아들이니까" 흠칫, 제 말에 제가 놀랐어요 왜 아버지란 말이 불쑥 나왔을까요? 딸이면서…… 아들이란 말이…… 프라이팬에 덴 듯 뜨거웠어요 종일 잊고 있었는데 자려고 누웠다가 벌떡 일어났어요 나는 딸의 형상을 한 아들이었을까요

소리의 상(相)

만물은 소리를 지니고 있지
돌은 두들겨야 소리가 나고
초목은 바람이 스쳐야 하고
물은 여울을 만나야 소리를 내니
그건 세상과 소통하려는 것이지

사람에게도 소리가 있어
은은하게 울려 퍼지는 소리가 있고
둥둥 가슴을 울리는 소리가 있으며
깨지고 부딪는 쇳소리가 있어

그릇이 큰 사람은 울림통이 크고 우렁차고
그릇이 작은 사람은 울림통이 작아 우물거려
정신이 맑아야 기가 승하고
소리의 결이 깊고 울림이 커 널리 퍼지지
정신이 흐리면 기가 흩어져 소리가 가볍고
정신이 탁하면 무겁고 둔탁한 소리가 나지

무릇 단전에서 나오는 소리라야
맑은 물이 흐르듯 밖으로 퍼져 나가는데
사람의 말이 가장 오묘하니
입 안의 혀를 굴려 내는 소리가
가장 으뜸이지

가만히 우네

강물에 무언가 둥둥 떠다녔다
허옇게 꾸덕꾸덕 마른 나무꼬챙이처럼
햇빛에 더 단단해지고 있었다

허름한 옷에 두건 쓴 이들이
무리 지어 가만히 물가에 앉아
하염없이 햇무리구름을 바라보고 있었다

한 사내가 조각배에 여자를 태우고
물잠자리처럼 물 위를 걷고
구름도 바지 걷어 올리고
물구나무서서 미끄러져 갔다

가만히 쪼그리고 앉아
나는 물끄러미 강물 소리에 귀 기울이며
자근자근 입술을 깨물고 있었다

오늘

도시락 싸 들고 유람선 타고 단풍놀이 가려고
밤잠마저 설쳤는데
정말 눈치 없게
아침부터 추적추적 비 온다

오늘은 맘 상했는지
나가려다 주저앉아 도시락 풀어놓는다
입맛을 잃었는지 도통 먹을 생각도 않는다

노랗게 떨어져 발치에 쌓이는 오늘이
하염없이 젖어든다

꾸물꾸물 유난히 긴 하루
유람선처럼 천천히 빗물에 떠내려가고 있다

또 하루가 격리되고 있다
오늘이 없다

자각몽

돌아가신 아버지가 전화하셨다

나다

아버지!
왜 지금 전화하시는 거예요. 얼마나 기다렸는데요
어디 계시는 거예요

여기 폴란드다

아니, 폴란드라니요 거긴 왜 가셨어요

그런데 왜 이리 어둡냐?

꿈이었다

아— 폴란드
눈발이 창을 툭툭 두들기고 있었다

폴란드는 먼데

갓난아기 울음소리 들은 것 같았다

아침

검은 자물쇠 채워진 하늘이 열리고
박명의 기운이
보이지 않는 천지간 내려다본다

개미처럼 부지런해
늙지도 않고
세수 안 한 말간 얼굴을 들이민다

아가씨라는 말

횡단보도 건너 노래방 앞을 지나가는데
담뱃불 붙여 문 와이셔츠 바람의 사내가
뭐라 뭐라 했는데
제 동료에게 하는 소리겠지 했는데
이봐, 아가씨
어, 그게 나를 부르는 소리네
아득하고 두근거림이 배어 있는 아가씨
캘리포니아 오렌지 맛이 감도는 아가씨
아가씨라니
바람이 종아리에 찰랑 감겨오는 밤
앵두나무 새순같이 밀려오는
새콤달콤한 밤

문이라는 기호

형태도 같고
형식도 같은 문인데
한쪽은 남자
다른 쪽은 여자를 상징하는
그림이 그려져 있다

M이라 쓴 곳에 여자가 들어가지 않고
W라고 쓴 곳에 남자가 들어가지 않는다

법으로 정해져 있는 것은 아니다
그렇다고 정해놓은 규율은 더욱 아니다
그러나 어느 나라에서건
다들 그렇게 한다

이것은 문에 대한 은유이고
서로간의 약속이다

그런데 그 문에 창고라고 쓰여 있다면

왜 창고가 되었는지
아무도 열어 보려 하지 않을 것이다
창고라는 말을 믿고
그 말에 갇혀버린 것이다

매일 죽는 여자

스트라스브르 대성당 앞이었던가
성당 계단에 앉아 있던 뚱뚱한 아랍 여자
나와 눈을 맞추며 구걸하던 여자
햇볕이 내려쬐는 광장 가운데로 걸어간다
일행이 해설사의 말을 듣는 둥 마는 둥 할 때
여자는 몇 걸음 걷다가 쓰러져 움직이지 않는다

손이 살짝 움직이고 발가락이 꼼지락거리자
슬리퍼가 바닥으로 떨어져 뒹군다
광장에 있는 사람들이 보고도 무심하다
나는 애가 타 옆 사람에게 보라 했더니
신경 쓰지 마세요
저거 연기하는 거에요

여자는 늘 그래 왔던 것처럼
북적대는 관광객 틈에서
하루에도 몇 번씩 죽는다
살기 위해

절망을 보게 된 대가

육교 위에 절망이 앉아 있다 보지 않으려 해도 절망은 기어이 보인다 손짓도 하지 않고 말도 없는데 절망은 자꾸 돌아보게 한다 맨바닥에 골판지 한 장 깔고 낡은 누더기를 걸치고 모자를 앞에 두고 엎드려 있다가 간혹 고개를 들고 지나가는 사람을 반쯤 감은 눈으로 쳐다본다 절망과 눈빛이 마주치면 안 된다 무심한 척 빨리 지나가야 한다 혹 눈이라도 마주치면 자석처럼 딸려가 절망 앞에 서게 된다 그리곤 저절로 지갑을 열게 된다 동전은 취급도 안 하는 모자 속에 지폐 한 장 넣고 총총 도망치듯 돌아서게 된다 절망을 구경한 대가로 하루 종일 찜찜하고 씁쓸해하다가 반쯤 절망에 빠지게 된다

연민

풀밭에서 계집아이 하나가
콜라병 속에 자꾸 개미를 잡아넣고 있다

제4부

금서

가까이 할 수 없는 책

입으로만 전하는 책

아무도 본 사람 없지만

어딘가 있기는 있다는 책

만지면 손이 타들어가고

보면 눈이 먼다는 책

독인지 알면서도

더욱더 애타게 찾는 책

심각한 이야기

달이 느리게 숨어버리는 동안
또 하나의 달이
베란다 화분 위로 솟아올랐다

평화를 가장한 고요가 졸고
밤의 역사를 쓰는 전광판 푸른빛이 스며들어
화분 위의 둥근 달이 우산을 펴 들었다

꼭지를 비트니
하얀 액체가 배어 나왔다
독이 천지에 스며
병든 시절이 계절을 몰아냈다

마음은
샘 없는 사막 같아

아무리 버둥거려도 밤이 오듯
서치라이트로 획을 그으며 어둠을 북 찢어도

밤은 밤이듯 다시 병든 계절이 이어졌다

그렇게 마스크 속에 한 해가 묻혀갔다

이를테면 고양이

무거운 공기가 지붕을 타고 내려오는 밤
집요한 어둠 속에 반짝이는 두 개의 동굴
깊은 밤의 세계로 통하는 너의 눈에서
나그네들은 샘을 발견하고 목 축이고
두레박을 하늘에 걸어놓고 갔지

담장 밑에 숨어서 움츠리고 있던 너는
이제 발톱을 세우지 않아도 돼
부드러운 밤이 살금살금 공범처럼 다가와
너는 조금 위안이 되겠지
네가 산 것보다 더 많은 것을 알고 있는 너는
어리지만 아주 늙어버렸어

우울은 화창한 날에 심술을 부리지만
너에겐 아침처럼 눈부시고
밤처럼 위안을 주겠지

다 보았다고 우긴다

가운데가 둥글게 패여 있는 돌
그 속에 애꾸눈 부처가 살고
코 뭉그러진 여인이 숨어 산다
눈 비비고 다시 보면
구름 사이로 해가 저녁밥 먹으러 가고
나지막한 안골 마을에서 피어나는 연기
낮게 강물처럼 엎드려 흐른다
다시 보면 이내 같고
구름에 가려진 보름달 같기도 하다

이렇게 눈은 보고 있어도 제대로 보지 못한다
눈은 지가 보고 싶은 것만 보고
다 보았다고 우기는 거다

사실 내 눈도 믿을 수 없다

하여튼 돌 속에 우렁각시 하나 숨어 산다

내 삶을 묘지 위에 세우고 싶지 않았지만

아파트 분양하고 땅파기 공사 중에
청동기 시대 유물이 나왔다
석곽분 몇 기로 상동 청동기 마을이 조성되고
아파트는 청동기 마을의 든든한 배경이 되었다
소나무와 쥐똥나무, 라일락은 울타리를 자처했다

언제부터 여기에 사람이 살았을까
학자들은 그들 생활상의 비밀을 풀어보려고
토기 조각을 맞추고 뼛조각을 추려보지만
언어로 흔적을 짜 맞추는 것과 다름없다

볕 잘 드는 석곽분 주위를 서성거리다
풀벌레 소리에 굄돌을 손으로 쓸어보며
묘지 위에서의 삶을 생각해본다

사람은 가도
언어는 살아 영원할 것이다

묘지는 한 권의 책이니
세상은 묘지 위에서 태어나고 죽는다는 말이
여기서는 아주 자연스럽다

여우비

여우비 뿌리다 볕드니 세상이 환해졌다

아이는 시집가는 여우가 너무 보고 싶어 어머니 몰래 집을 빠져나왔다 아름드리 삼나무 뒤에 숨어 흰 꼬리 여우가 지나가길 기다렸다

여우들의 결혼 행렬이 시작되었다 여우 각시가 하얗게 분 바르고 머리에 풀꽃 꽂고 꼬리를 치켜들고 앞서 가고 있었다

눈물방울인지 물방울인지 아이의 발등에 툭 떨어졌다 바스락 소리가 났다 여우들의 눈빛이 댓잎처럼 날카로워졌다 행진하던 여우들이 멈춰서 사방을 살폈다

아이는 놀라 냅다 집으로 달려왔다 어머니는 대문을 잠그고 열어주지 않았다

큰 잔치

아부지도 아기였을 때 있었을 거다
배냇저고리 입고 옹알이하던 시절 있었을 거다
아장아장 걸음마할 땐 큰 기쁨이었을 거다
벌거벗고 물장구치던 철없던 때도 있었을 거고
감나무에 올라가 놀던 때도 있었을 거다
한때는 동네 처녀 가슴 설레게도 했을 거다
장가를 가고 남편이 되어
세상 어느 누구보다 강한 가장이 되고 싶었을 거다
늘 새우잠만 자느라 허리 구부정한 아부지
저세상 가시던 날이
아마도 가장 성대한 인생 최대의 잔치였을 거다
이날을 위해 그토록 아끼고 절약하셨을 거다
이 성공적인 잔치를 보고 웃고 계실 아부지
모든 근심 걱정 내려놓고
맘 편히 한잔하고 계실 거다

그 말 때문에
— 헤카베의 꿈

꿈 때문이었어
아니 말만 하지 않았어도
이렇게 되지 않았을 거야

세상이 깜깜해지는 꿈
도시 전체가 불바다가 되는 꿈

듣도 보도 않았는데
그것이 어디서 왔나 몰라

머릿속으로 마녀가 들어온 것일까
그 꿈은 견딜 수 없이 무서웠어

꿈을 말하는 게 아니었어
내 입을 떠난 순간
꿈이 현실이 된다는 걸 몰랐어
현실이 더 지독한 꿈같아

지금 꿈에 대해 말하고 있는 게 아니야
내뱉으면 안 되는 말에 대해
그 말이 운명을 불러들인 것에 대해 말하는 거야

---

*헤카베: 그리스 신화에 나오는 트로이의 왕 프리아모스의 왕비. 트로이가 불에 타는 꿈을 꾼다.

신들의 골짜기

왕들은 모두 여기 죽음의 골짜기에 있다

하루하루 벗겨내어도
양파껍질처럼 또 이어져 있는 날들처럼
죽은 왕을 위한 365개의 토기 인형이 놓여 있다
그들을 관리할 관리인까지

왕이 되면 자신의 무덤을 만드는 것이
인생 최대의 목적이었다
왕이 자기 무덤을 완성하지 못하고 죽으면
그대로 둔다는데

자기 죽음을 위해 봉사한 왕들이
저기 누워 있다

왕을 기다리며

술잔이 있고
결혼반지와 마차도 준비되어 있어요
왕관은 머리보다 권위적이어서
명주 속옷은 명이 길어서
신발 한 짝은 발보다 커서 살아남았어요
삼백육십오 명의 시종들이
시중들기 위해 줄 서서 기다리고
신부에게 줄 수레국화 다발도 있네요
다 준비되었어요
모두 당신 거예요
당신 오기만 기다리고 있어요
어서 황금가면을 벗고 오세요
빈 잔에 술 채우고 잔 들어 올리세요
세월을 이겨낸 것들이 벌이는 파티에요
마차가 움직이면 수레국화 꽃잎이 떨어져요
당신은 가만히 비파 소리만 들으세요

그리운 토리노*

생모리츠에서 기차를 타고
잔설이 남아 있는 알프스를 넘어
토리노엔 안 가고 티라노에 왔다

아니 안 간 게 아니라 못 갔다

토리노 토리노
당신이 살았던 토리노
사실 토리노가 어디 있는지 모르지만
당신을 만나러 토리노에 가고 싶었다

티라노에서 귀뚜라미 소리 들으며
토리노 토리노 불러만 보았다
내 구두 속에 들어 울어대던 귀뚜라미
곡진히 가슴을 후비다 새벽녘에 잠잠해졌다

토리노에 가지 않더라도
마음이 가닿으면 비로소 간 거다

오래된 카페에 앉은 당신을 보며
그 옛날처럼
당신 집 앞으로 마차가 굴러가는 소리도 들으며

---

*토리노: 니체가 머물렀던 이탈리아 남부 도시.

어둠을 보고 짖다

사방 어디에서도
물 한 방울 구하지 못해도
눈이 웃는 베두인족들

아비는 나귀에 처자식을 태우고
또다시 풀 찾아 서쪽으로 길 떠난다
천막 받침대로 쓰던 벽돌 서너 개 두고

그들의 그림자가 길게 떠나온 집 쪽으로 기울어도
짖지 않던 개가
달이 그림자를 내려놓는 밤
어둠을 보고 짖어댄다

하지

정오의 태양은
거침없고 대담하다

그림자 하나 걸치지 않은
알몸이다

아스팔트는 열기로 꽉 차서
잘 달구어진 팬에 달걀 굽는 냄새가 난다

간절함은 늙지 않는다

어느 나라든 역은 붐빈다
이른 아침 룩셈부르크 역 앞
갓 구운 빵과 커피를 앞에 두고 카페에 앉아 있는데
창밖에서 한 노인이 안을 들여다본다

이쪽과 저쪽의 세상은 어디에서든 있다
아니 도처에 있다
어린애가 가게 앞에 달라붙어 있듯
노인은 계속 빵을 들여다보고 있다

노숙을 하고 막 일어났는지
부스스한 머리가 삐죽 솟아 있다
빵에 눈이 꽂혀 있다
간절한 눈빛에 이끌려 동전 몇 개 쥐어 주었다
노인의 얼굴에 환하게 불이 켜졌다

빵이 아니라
따뜻한 커피를 사들고 간다

손을 흔들며

뭐라 뭐라 하면서

자연의 역습

그곳에는
빛이 빛을 잃어 낮에도 어두워
재를 뿌려놓은 것 같은 하늘에서
검정 눈이 내렸어

또 어느 곳에서는
초록 눈이 내렸다는데
어른들은 눈이 휘둥그레 창문을 닫았지만
아이들은 신나게 뛰어놀았어

반대쪽에서는 얼음과자 같은 우박이
한여름에 후두둑 쏟아지더니
벌레처럼 꿈틀대다 녹아 흘렀어

거리에서는
숨 쉴 때마다 매캐한 냄새가 났어
그래도 가로수 잎들은 더 파래졌지

사람들은 땀을 흘리면서도 얼굴 가리고
총총거리며 아무 일 없다는 듯 오고 갔어

나는 늘 나인데

삶이 점점 아파

나는 고개 쳐들고
외쳤어
키리에 키리에*

긴 밤 허공을 밀고 가다 보니
허공이 문 열고 들어서는 날도 있어

---

*kyrie eleison: 주여 불쌍히 여기소서.

해설

언어, 기호, 그리고 우연적인 마주침

—박지영 시집, 『간절함은 늙지 않는다』

고봉준(문학평론가)

일상은 수많은 마주침의 순간들로 채워진 패치워크(patch work)이다. 이 마주침의 사건들은 대개 우연의 지배를 받는다. 우연히 듣게 된 소리나 음악에 귀를 기울이는 순간, 예상치 못한 사람과 마주치는 순간, 어떤 장면이나 풍경에 시선을 사로잡히는 순간, 무심코 읽은 문장에 마음을 빼앗겨 한동안 넋을 놓게 되는 순간……. 시인은 우연의 시간과 순간의 강렬함을 감각적인 사유로 연결하고, 내부에 그 강렬함의 흔적을 간직한 감각적 존재를 창조해냄으로써 일상의 시간을 예술로 바꿔낸다. 그런데 이 창조적 사건에는 종종 두 가지 오해가 따라다닌다. 하나는 이 우연한 마주침이 온전히 시인에 의해 주도되는 사건이라는 오해이고, 다른 하나는 그 마주침이 왜

곡이나 잔여 없이 언어화될 수 있다는 그릇된 믿음이다. 이 우연한 마주침의 대부분은 동일한 질서의 반복으로 구성된 상식의 세계를 뒤흔들면서 나타나는, 혹은 우리에게 도래하는 타자적인 것과의 조우로 시작된다. 따라서 이 마주침에서 시인의 역할/능력은 절반 정도에 불과하다. 이 경우 시인에게 요청되는 능력은 이질적인 것, 낯선 것의 출현에 대해 외면하지 않는 것, 상식이라는 이름의 익숙함을 보존하기 위해 타자적인 것의 출현을 부정하는 것에서 벗어나는 개방성이다. 그런데 이러한 마주침은 경험의 가능 조건일 뿐 그 자체가 시(詩)는 아니다. 시인에게는 이 마주침의 사건, 그 강렬함을 언어 안에 담는 작업이 요구된다. 하지만 이 마주침의 대부분은 그 자체로 강렬한 정서적 만남일 뿐 특정한 내용으로 경험되지 않는다. 이는 시에서의 언어 또한 강렬한 정서적 사건이 발생한 흔적일 뿐 마주침의 실체에 대한 기술이 아님을 의미한다. 시가 시인의 배타적인 독점물이 아니라 독자의 읽는 행위를 통해 완성되는 이유, 특히 그 읽기가 문해력이 아닌 행간 읽기라는 정서적 독법을 요구하는 이유가 바로 여기에 있다.

박지영의 시는 일상적 사건들을 다양한 방식으로 언어화한다. 언어와 글쓰기에 대한 자의식, 시적 대상을 정서적인 방식으로 재해석한 장면들, 삶에 대한 성찰적 태도, 자연과의 관계, 기후위기나 코로나 팬데믹 같은 현실적 문제들 등 다양한 주제들이 '시집'이라는 하나의 세계 안에서 공존하고 있다. 이

주제들 가운데 단연 두드러지는 것은 언어와 글쓰기에 대한 자의식이다.

종이 위에 강이라고 쓰자
물고기 한 마리가 힘차게 물살을 가르고
갑자기 물 위로 솟구쳐 오른다
고맙다는 듯 꼬리를 까닥이더니
다시 물속으로 들어가 버린다

다시 수면은 조용해지고
종이 위에서 숨죽이고 있던 글사들이
순서를 기다리다가
답답한지 고개를 들어 올리다
낚시꾼에게 걸려든다

종이 위에서도 생사가 갈린다
'아'라고 써야 할 것을 '어'라고 쓰는 바람에
다른 생각이 올라와 잡은 고기 놓아줄 때도 있다
종이 위에 강은 여전히 소리 없이 흐른다

앗! 물고기가 찌를 물었다
손맛이 짜릿하다

이 맛을 알아야 진짜 인생을 아는 거다

—「미끼」 전문

시집의 첫 페이지에 배치된 동음이의어(homonym)를 활용한 작품들은 이 '시집=세계'에 대한 이정표로 읽어도 좋을 듯하다. 품사의 하나인 '부사(副詞)'와 사과의 특정한 품종(品種)인 '부사(富士, ふじ)'의 동음 관계를 이용한 「부사」, '밤(night)'과 '밤[栗]'의 동음 관계를 이용한 「밤 까먹는 밤」이 그것들이다. 시인은 전자에서 사과 상자에 갇혀 말라가는 사과의 형상을 "형용사는 버리고/동사로 누워 있는 부사"(「부사」)라고 표현함으로써 언어적 동음 관계 이상의 의미를 발견해내고 있고, 후자에서는 '밤'의 의미를 모호하게 만듦으로써 새로운 의미 형성의 가능성을 실험하고 있다. 이 사례들은 단순한 유희 이상의 의미를 지니고 있다. 알다시피 시는 '언어' 예술이다. 하지만 이때의 '언어'는 우리가 살아가는 현실의 근간, 즉 정신분석학자들이 말하는 상징적 질서로서의 언어와 같은 것이 아니다. 상징 질서, 또는 커뮤니케이션의 수단인 기능적·도구적 언어가 문법과 의미를 중심으로 작동한다면, 시는 언어를 의미보다는 정서, 문법보다는 욕망의 질서에 따라 사용하는 예외적 방식의 일종이다. 현대시에서 동음이의어, 언어유희(pun) 등은 '유희'라는 단순한 기능에 한정되지 않는다. 그

것은 특정한 기호의 의미를 중층화함으로써 언어에 대한 익숙한 감각에 충격을 가하고, 이질적인 의미를 충돌시킴으로써 진술 자체를 불확정적인 것으로 경험하게 만들며, 그리하여 자동화된 감각과 사고의 과정을 탈구시킴으로써 인지 과정 자체를 지연시킨다. 특히 동음이의어는 언어 기호가 의미로 환원되지 않도록, 동시에 음성적 물질성에 근거하여 우리의 사고를 다른 세계로 도약시킨다는 점에서 중요한 시적 장치라고 말할 수 있다.

'언어'에 대한 이러한 관점은 인용 시에서도 반복된다. 1연에서 화자는 종이 위에 '강'이라는 글자를 적으니 물고기 한 마리가 힘차게 물살을 가르고 솟구쳤다가 이내 물속으로 들어가 버렸다고 쓰고 있다. 이것은 시(詩)가 '언어'의 세계에서 발생한 사건, 즉 언어적 사건이라는 의미이다. 이때 '강'이라는 언어와 '물고기'의 출현은 동시적이다. 시에서 언어는 현실의 사건을 뒤늦게 언어로 표현한 것이 아니다. 문학작품에서 세계는 발화되는 순간 탄생한다는 점에서 시의 언어는 창조 그 자체이다. 근대미학, 특히 텍스트주의는 이러한 발상에 기초하여 텍스트의 안과 밖을 단절된 것으로, 그리하여 자율적인 세계로 간주했다. 2연에서 시인이 글쓰기를 "종이 위에서 숨죽이고 있던 글자들이/순서를 기다리다가/답답한지 고개를 들어 올리"는 행위로 형상화한 부분도 같은 맥락에서 이해할 수 있다. 시인에게 글을 쓰는 일은 '종이=백지'에서 '글자'를 낚아 올리는 행위이다. "낚시꾼에게 걸려든다"라는 표현처럼 시인에게 있어서 '글'은 수면 위로 고개를 내민 물고기와 그것을 낚아챈 시인의 행동이 결합되어 탄생하는 사건이다. 그렇다면 왜 시인은 작품의 제목을 '낚시'가 아니라 '미끼'라고 썼을까? 3연은 바로 이 질문에 대한 대답이다. 소쉬르나 바르트 같은 구조언어학자들의 주장에 따르면 인간의 발화행위는 계열체(Paradigm)와 통합체(Syntagma)를 조합하는 행위이다. 여기에서 계열체는 적절한 기호를 선택하는 것이고, 통합체는 선택된 기호들을 연속적으로 배열하는 문법적인 것이다. 프랑스의 기호학자인 롤랑 바르트는 이러한 언어적 원리를 패션과 음식에 적용하여 '모드의 체계'라는 담론을 제시하기도 했다. 이처럼 발화행위가 계열체와 통합체의 조합이라면 그 각각이 제대로 작동하기 위해서는 어떤 전제가 필요하다. 그러니까 수많은 어휘 가운데 어떤 단어를 선택하기 위해서는 이웃하고 있는 단어가 선행되어야 한다. 시인은 선행하는 단어를 '미끼'라고 부르는데, 이것으로 인해 "'아'라고 써야 할 것을 '어'라고" 잘못 쓰는 일이 발생하기도 하고, 때로는 "다른 생각이 올라와 잡은 고기 놓아줄 때도 있"는 것이다.

형태도 같고
형식도 같은 문인데
한쪽은 남자

다른 쪽은 여자를 상징하는
그림이 그려져 있다

M이라 쓴 곳에 여자가 들어가지 않고
W라고 쓴 곳에 남자가 들어가지 않는다

법으로 정해져 있는 것은 아니다
그렇다고 정해놓은 규율은 더욱 아니다
그러나 어느 나라에서건
다들 그렇게 한다

이것은 문에 대한 은유이고
서로간의 약속이다

그런데 그 문에 창고라고 쓰여 있다면
왜 창고가 되었는지
아무도 열어 보려 하지 않을 것이다
창고라는 말을 믿고
그 말에 갇혀버린 것이다

—「문이라는 기호」 전문

이 작품은 프랑스의 정신분석가 자크 라캉이 소쉬르의 언어 이론을 전유할 때 사용한 유명한 화장실 사례를 차용한 메타시이다. 라캉은 소쉬르의 구조언어학에 기초하여 정신분석을 이론화하면서 기의의 우월성을 강조한 소쉬르와 달리 기표의 선차성을 강조한 것으로 유명하다. 인용 시에 등장하는 화장실 사례는 라캉이 소쉬르의 주장을 반박할 때 사용한 것이다. 두 개의 문이 있다. 우리의 경험이 증명하듯이 그것들은 형태적인 차원에서는 아무런 차이도 없다. 그런데도 하나는 남성용 화장실이고 다른 하나는 여성용 화장실이다. 라캉은 위의 사례, 그러니까 동일한 모양의 문(화장실)에 차이를 발생시키는 것, 즉 한쪽 문을 다른 쪽 문과 구별시키는 것은 문에 적혀 있는 기표라고 주장하면서 의미작용은 기의의 차원이 아니라 기표와 기표의 차이에서 발생한다고 주장했다. 라캉은 이 사례에 근거하여 "기표 아래로 기의가 끊임없이 미끄러진다."라는 유명한 주장을 남겼다. 박지영의 이번 시집에는 '정신분석 세미나'라는 제목의 작품이 수록되어 있으니 이 시는 그 세미나 경험에서 모티프를 가져온 것으로 추측할 수 있다.

그런데 시인은 라캉의 사례를 다른 방식으로 비틀어 '언어'의 권력성을 환기한다. 이 지점에서 박지영의 시는 새롭게 시작된다. 라캉의 화장실 사례에 등장하는 문에 '창고'라는 기표가 적혀 있었다면 어떤 일이 발생했을까? 실제로 라캉의 저 사례는 다양한 방식으로 변주되어 전혀 다른 논점을 제시하는 데 사용되고 있다. 가령 남성과 여성, 혹은 M과 W라는 기표 옆에 '목욕탕'이라는 간판이 걸려 있으면 사람들은 그것에서 화장실이 아니라 목욕탕을 떠올릴 것이라는 주장이 대표적이다. 이 사례는 기표의 의미가 또 다른 기표들, 즉 이웃하고 있는 기표와의 놀이에 의해 결정된다는 것을 의미한다. 그런데 이런 의미작용은 기표만이 아니라 특정한 물질, 가령 '남자'와 '여자'라는 기표 옆에 옷들이 잔뜩 진열되어 있어도 발생한다. 옷들이 전시되어 있고 그 옆에 '남자'라는 기표가 적혀 있는 문이 있을 때, 그것을 남성 탈의실로 이해하지 못할 사람이 얼마나 될까? 시인은 이 지점에서 "창고라는 말을 믿고/그 말에 갇혀버린 것이다"라는 진술을 통해 기표와 기표, 즉 언어적 질서가 아니라 '언어'에 지배되는 우리의 선입견에 대해 환기한다.

우리는 살아가면서 언어의 지배를 받는다. 여기서 말하는 '지배'는 문법적인 것만을 가리키지 않는다. 그 너머를 알 수 없는 문 앞에 '창고'라는 기표가 쓰여 있으면 우리는 그곳이 '창고'임을 의심하지 않는다. 이런 점에서 언어(기표)는 때로 사태나 실체를 왜곡하는 효과를 낳기도 하는 것이다. '쟁반같이 둥근달'이나 '내 마음은 호수요' 같은 죽은 비유들이 대표적인 사례이다. 그것들은 '달'이나 '호수'를 볼 때 우리의 경험을 특정한 방향으로 틀 짓는다는 점에서 일종의 폭력이다. 시인들이 이미-항상 새로운 언어, 새로운 표현방식에 골몰하는 까닭은 상투화된 언어가 우리의 경험을 왜곡시키는 폭력을 행하고 있으며, 시는 '언어'의 층위에서 이 폭력에 맞서 날것으로서의 경험을 포착하려는 불가능한 시도이기 때문이다.

살면서 수많은 문을 드나들었지
그 많은 문과 문 사이를 드나들면서 몰랐다
문이 문이 아니라는 것을

문은 네 집인 걸 증명해 보란다
식탁 위에 먹다 남은 빵이 있고
화장대 위엔 올이 풀려 벗어던진 스타킹이 있고
읽다가 엎어놓은 시집이 있다 해도
암호를 기억해내란다
주문을 말하란다

급한 마음에 동동거리며 허둥거리다
연달아 잘못 눌러
도어록은 경고음을 울리더니
작동이 중지되었다

저 높고 단단한 벽

—「단단한 벽」 전문

시인의 싸움은 '언어' 문제로 환원되지 않는다. 앞에서 우리는 일상의 시간이 우연적인 마주침의 사건들로 만들어진 패치워크 같은 것이라고 말했다. 이 우연적인 마주침은 사물, 대상, 세계 등에 대한 새로운 감각으로 확장되기도 하지만, 다른 한편으로 익숙한 인식으로 환원되기도 한다. 이 지점에서 시는 사유의 문제와 이어진다. '사유'는 도구적 이성에 의한 수행되는 계산은 물론이고 일상생활에서 우리가 습관에 의지하여 내리는 판단과는 다르다. 데카르트 이후 인류는 오랫동안 인간이 생각하는 존재라는 사실을 당위적인 것으로 이해해왔다. 하지만 일상의 순간들을 되돌아보면 확인할 수 있듯이 우리가 '사유'라고 불릴 만한 행위를 수행하는 시간은 매우 드물다. 요컨대 사유는 일상에서 예외적인 순간에 발생하는 사건인 것이다. 길을 걸을 때, 전화 통화를 할 때, 운전할 때, 텔레비전을 시청하거나 요리를 만들 때 우리는 대개 '사유'하지 않는다. 그 행동들은 대개 관성과 습관의 힘에 근거하여 행해진다. 정작 우리의 '사유'는 이러한 일상적 패턴이 중단되었을 때, 습관이나 관성에 따라 행동했음에도 불구하고 예상한 결과가 발생하지 않을 때 시작된다. 우리는 일상의 질서가 깨지는 순간에 비로소 '사유'를 시작하는 것이다. 위의 인용 시를 참고하자면, 디지털 도어록(Door Lock)의 비밀번호가 기억나지 않을 때, 비밀번호를 제대로 눌렀음에도 불구하고 문이 열리지 않을 때 '사유'가 시작된다고 말할 수 있다. 이 경우 우리는 도어록에 물리적인 문제가 생긴 것은 아닌지, 혹시 배터리가 방전되지는 않았는지, 자신이 집을 잘못 찾은 것은 아닌지 생각하기 시작한다.

이처럼 '사유'는 본질적으로 익숙한 상태에서 벗어났을 때, 낯선 상황에 직면했을 때 시작된다. 철학자 들뢰즈는 우리에게 사유를 강제하는 모든 것들을 '기호'라고 불렀는데, 이는 사유가 '기호'와의 마주침에서 시작된다는 의미로 이해할 수 있다. 당연히 모든 마주침이 사유를 촉발하지는 않는다. 우리는 낯선 것과 마주하는 대부분의 순간에 익숙한 것을 개입시켜 낯선 것이 초래하는 불편함을 없애려는 경향을 지니고 있다. 이러한 심리적 방어기제에도 불구하고 그것을 뚫고 무언가가 도래하는 순간이 있기 마련이다. '사유'는 바로 그 순간에 시작된다. 그리고 그것은 동일한 대상을 이전과 전혀 다른 관점에서 인식하도록 만든다. 이 시에서 그것은 '문'이 '벽'으로 경험되는 순간이다. 인간의 물리적 위치와 상관없이 열리지 않는 '문'은 거대한 '벽', 아니 감금 장치가 되기도 한다. 시인은 비밀번호를 잊어버려서 '문'이 벽처럼 느껴지는 순간을 포착하고 있으나, 우리가 아파트 내부에 위치하고 있을 때 화재 등이 발생하여 문이 열리지 않으면 그 순간 '문'은 감금 장치로 기능하게 된다. 이처럼 시는 수많은 일상적 마주침을 통해 대상이나 사물에 대한 새로운 감각을 환기함으로써 일상적 질서로부터 우리를 잠시나마 해방시킨다.

놈이 어둠 속에 웅크리고 있다
스위치를 켜면 그제야 관절을 펴고 구부린 등을 펴 품을 열어준다
놈이 그녀에게 길들여졌는지
그녀가 놈에게 의지하는지

늘 그래 왔던 것처럼 아주 익숙하게
의자에 엉덩이를 깊숙이 밀어 넣고 팔을 놈의 등에 밀착해서 하나가 된다

때때로 서로 겉돌기도 하지만
그녀는 그놈 앞에서만 한 줄 한 줄 벽을 쌓을 수 있다
위에서 아래로 벽을 쌓아간다

벽은 두꺼워야 했고
벽은 높아야 했다
벽은 어두워진 창밖의 별빛을 끌어 오고
창을 두들기는 빗소리도 불러오곤 했다

그녀가 벽을 포개놓고 나서 휴우 한숨을 내쉬면

그놈도 덩달아 사지의 근육을 풀었다
그녀에게 그놈은 유일한 위안이며
벽은 그녀가 숨기에 가장 안전한 곳이다

—「테이블」 전문

박지영의 시에는 '언어'만큼이나 '글쓰기'에 대한 자의식이 드러나는 장면이 자주 등장한다. 시인은 "내가 쓴 글들이 나를 빤히 올려다본다/어디를 가나 개미떼처럼 줄곧 따라다닌다"(「봉쇄」)처럼 자신이 쓴 글을 의식하는 모습을 보이기도 하고, "사람은 가도/언어는 살아 영원할 것이다"(「내 삶을 묘지 위에 세우고 싶지 않았지만」)처럼 '언어'에 대한 신뢰를 표현하기도 한다. 시인 말라르메는 세계를 하나의 책에 비유했는데, 시인은 '묘지'를 한 권의 책으로 간주한다. 시인은 청동기 시대의 묘지를 발굴하여 "생활상의 비밀"을 캐는 작업이 "언어로 흔적을 짜 맞추는 것과 다름없다"라는 점에서 '발굴'과 '독서'를 동일한 층위에 놓는다. 이 등식 안에서 "묘지는 한 권의 책"으로 전환된다.

한편, 앞에서 우리는 시인이 글쓰기, 그러니까 글이 생산되는 과정을 언어를 낚아 올리는 행위에 비유한 장면을 목격했다. 그리고 지금, 인용 시에서 시인은 글을 쓰는 행위를 '벽'을 쌓는 일에 비유한다. '테이블'이라는 제목에서 드러나듯이, 이 시는 글쓰기가 아니라 글을 쓰는 공간에 관한 작품이다. 그렇지만 이 시에는 글을 쓰는 행위에 대한 시인의 인식, 그리고 글을 쓰는 공간에 대한 새로운 감각을 함께 드러낸다는 점에서 주목할 만하다. 1연에서 '놈'으로 표현되는 대상은 시인이 글을 쓸 때 사용하는 테이블, 특히 의자를 포함한 테이블을 가리킨다. 사정이 이러하다면 '놈'과 밀접한 관계를 맺고 있는 '그녀'는 시인 자신으로 읽어도 좋을 듯하다. 시인의 글쓰기는 이들의 만남, '그녀'가 "의자에 엉덩이를 깊숙이 밀어 넣고 팔을 놈의 등에 밀착해서 하나"가 됨으로써 시작된다. 하지만 우리의 경험이 증명하듯이 이 만남이 곧장 '글'로 이어지는 경우는 드물다. 그럼에도 화자인 '그녀'는 오직 "그놈 앞에서만 한 줄 한 줄 벽을 쌓을 수 있나"라고 진술한다. 건축학적으로 말하자면 '벽'은 아래에서 위로 쌓는 것이다. 반면 화자는 '그녀'가 "위에서 아래로 벽을 쌓아간다"라고 말한다. 이것은 이 '벽'이 계열체와 통합체가 직조되어 만들어지는 언어의 '벽'이기 때문이다. 이렇게 보면 왜 '벽'이 두껍거나 높아야 하는지 이해할 수 있다. 「단단한 벽」에서 '벽/문'은 시인에게 한계로 경험되었으나 여기에서의 '벽'은 "그녀가 숨기에 가장 안전한 곳"으로 경험된다. 이 '안전'의 의미는 버지니아 울프가 이야기한 '자기만의 방'을 연상시킨다. 버지니아 울프는 여성이 작가가 되기 위해서는 일정한 돈과 자기만의 방이 필요하다고 역설한 적이 있다. 시인에게는 '그놈=테이블'이 바로 그 '자기만의 방'인 셈이다. 이 테이블에 앉아서 글을 쓰고 있으면 어두운 밤하늘에 별빛이 보이고 빗방울이 떨어지기도 한다. 시인에게 이러한 분위기 속에서의 글쓰기는 일종의 '위안'인 셈이다.

가운데가 둥글게 패여 있는 돌
그 속에 애꾸눈 부처가 살고
코 뭉그러진 여인이 숨어 산다
눈 비비고 다시 보면
구름 사이로 해가 저녁밥 먹으러 가고
나지막한 안골 마을에서 피어나는 연기
낮게 강물처럼 엎드려 흐른다
다시 보면 이내 같고
구름에 가려진 보름달 같기도 하다

이렇게 눈은 보고 있어도 제대로 보지 못한다
눈은 지가 보고 싶은 것만 보고
다 보았다고 우기는 거다

사실 내 눈도 믿을 수 없다

하여튼 돌 속에 우렁각시 하나 숨어 산다

—「다 보았다고 우긴다」 전문

시를 쓴다는 것은 무대 위의 조명과 마찬가지로 대상에 '빛'을 비추는 행위이다. 조명은 특정한 대상을 밝게 비춤으로써 결과적으로 나머지 것들을 어둠의 상태로 남겨두는 선택과 배제의 방식으로 작동한다. 시는 모든 대상에 골고루 빛을 비출 수 없으며, 태양 이외에 만물에 골고루 '빛'을 비추는 조명도 존재하지 않는다. 이는 우리의 시선이 결코 객관적이거나 공평하지 않다는 것, 그리하여 모든 시선에는 다른 각도와 관점에서 볼 수 있는 가능성이 잔존한다는 것을 의미한다. 여기 하나의 돌이 있다. 그 돌의 가운데는 둥글게 패여 있는데, 자세히 보면 "애꾸눈 부처"나 "코 뭉그러진 여인"의 형상이 보이기도 한다. 그런데 눈을 비비고 다시 보면 그 형상들은 사라지고 대신 "구름 사이로 해가 저녁밥 먹으러 가고/나지막한 안골 마을에서 피어나는 연기" 같은 것들이 보인다. 그리고 또 한 번 눈을 비비고 쳐다보면 이번에는 돌은 "이내 같고/구름에 가려진 보름달" 같이도 보인다. 이 경험에서 화자가 돌에서 둥글게 패여 있는 부분에서 목격하는 장면들은 객관적인 형상이 아니라 자신의 주관이 투사되어 만들어진 상상계의 풍경이라고 말할 수 있다. 이 사태를 가리켜 시인은 "눈은 보고 있어도 제대로 보지 못한다"라고 쓰고 있다.

그런데 사실 눈만 그런 것이 아니다. 우리의 시선에도 맹점이 존재해서 우리는 눈을 뜨고서도 미처 보지 못하는 것들이 수없이 많다. 이는 인간의 감각기관이 '관심'의 유무에 따라 기능하기 때문이다. 감각기관의 불완전함을 충분히 인지하고 있으면서도 시인은 "하여튼 돌 속에 우렁각시 하나 숨어 산다"라는 단정적인 진술로 끝을 맺고 있다. 여기에서 '하여튼'은 모든 반대 주장을 물리치는 맹목적인 믿음을 드러내는 장치이다. 그런데 인간에게는 때로 과학적 진리나 객관적인 사실보다 맹목이나 믿음이 더 중요한 순간들이 존재한다. 실존적인 사랑이 그러하고, 종교, 우정 등의 관계가 그러하다. 이것들은 믿음의 산물이지 과학의 산물은 아니다. 따라서 이 시를 시선에 대한 성찰적 자세를 표현한 것으로 읽을 수도 있지만, 반대로 현상학적인 차원에서는 객관성의 층위를 넘어서는 순간 비로소 인간이 대상과 새로운 관계를 맺을 수 있음을 보여주는 작품으로 해석할 수도 있다. 물론 '다 보았다고 우긴다'라는 제목은 주관보다는 성찰에 가깝게 느껴지지만 시적 인식이 대상-사물이 우리에게 개시(開示)하는 새로운 차원임을 고려하면 대상-사물에 대한 새로운 각도, 즉 제대로 보지 않는 것이야말로 시의 진정한 출발선이라고 말할 수도 있다.

시인동네 시인선 175

간절함은 늙지 않는다

초판 1쇄 인쇄 2022년 5월 20일
초판 1쇄 발행 2022년 5월 27일
지은이 박지영
펴낸이 김석봉
디자인 혜이존
펴낸곳 문학의전당
출판등록 제448-251002012000043호
주소 충북 단양군 적성면 도곡파랑로 178
전화 043-421-1977
전자우편 sbpoem@naver.com

ISBN 979-11-5896-419-1 03810